Anselm Grün
Wenn ich nur noch einen Tag zu leben hätte

ANSELM GRÜN

Wenn ich nur noch einen Tag zu leben hätte

KREUZ

obwohl in mir der wunsch ist, in Würde alt zu werden und die Weisheit des Alters zu erlangen, weiß ich doch, dass jeder Tag der letzte sein kann. Auf meinen langen Autofahrten könnte ich verunglücken. Eine heimtückische Krankheit könnte mich befallen. Ein Herzinfarkt könnte den plötzlichen Tod herbeiführen. Nicht weil ich Angst vor dem Sterben habe, meditiere ich meinen letzten Tag, sondern weil ich immer wieder erstaunt vor der Frage stehe: Was bedeutet das, dass ich lebe, dass ich atme, dass ich mich selber spüre, dass ich die Schönheit der Landschaft betrachte, dass ich den Duft der Rose rieche, dass ich den milden Geschmack des Weines schmecke? Wie fühlt sich das Leben an? Was geschieht, wenn ich einem Menschen begegne? Was möchte ich mit meinem Leben vermitteln, welche Spur möchte ich in diese Welt eingraben, welche Ausstrahlung möchte ich um mich verbreiten? Ich spüre, dass ich so leicht an die Oberfläche gerate und einfach nur so dahinlebe. Da hilft mir der Gedanke an meinen letzten Lebenstag, um die Tiefendimension des Lebens zu erahnen und die Quelle des göttlichen Lebens zu entdecken, aus der ich eigentlich lebe.

wenn ich mir vorstelle, dass ich nur noch einen Tag zu leben hätte, dann tue ich das nicht aus Todessehnsucht heraus und weil ich genug hätte von der Plage dieses Lebens. Ich möchte dadurch vielmehr lernen, intensiver zu leben, jeden Augenblick auszukosten, dem Geheimnis meines Lebens auf die Spur zu kommen und jeden Tag von neuem achtsam und bewusst zu erleben. Es scheint irreal zu sein, dass ich morgens aufwache und genau weiß, dass ich nur noch diesen einen Tag zu leben habe. Es kann sein, dass mir der Arzt eine Diagnose stellt, die mir nur noch ein halbes Jahr oder ein Jahr Lebenszeit einräumt. Aber dass mir jemand sagen könnte, ich würde nur noch heute leben, ist eher unrealistisch. Trotzdem ist es sinnvoll, sich diese Frage zu stellen und sie zu meditieren. Denn wenn ich mir konkret vorstelle, nur noch einen Tag zu leben, dann erahne ich etwas vom Geheimnis des Lebens, dann übe ich mich ein in die Kunst, ganz im Augenblick zu leben und bewusst und achtsam in dem zu sein, in dem ich gerade bin. Um dieser Frucht willen ist es wert, sich die Frage zu stellen, was ich tun würde, wenn ich nur noch einen Tag zu leben hätte.

wenn ich nur noch einen Tag zu leben hätte, würde ich mir zuerst überlegen, mit welchen Menschen ich heute zusammen treffen möchte. Indem ich darüber nachdenke, mit wem ich meinen letzten Tag gerne verbringen möchte, wird mir klar werden, welche Beziehungen wirklich tragen und wo ich anderen letztlich doch fremd geblieben bin. Dann stelle ich mir vor, dass ich zu diesen Menschen gehe oder sie anrufe. Ich würde ihnen sagen, was sie mir bedeuten, was sie in mir ausgelöst haben, welche Erinnerungen mir wichtig sind. Und ich würde ihnen danken für alles, was ich durch sie erfahren und gelernt habe, was sie in mir angestoßen haben und wo sie mir die Augen für das Eigentliche geöffnet haben. Ich würde ihnen sagen, wie ich sie sehe, was ich als das Einmalige und Besondere an ihnen erkenne. Dem einen oder andern würde ich vielleicht auch sagen, was seine Sendung und sein Auftrag sein könnte und welche Spur er in diese Welt eingraben sollte.

Vor meinem inneren Auge stelle ich mir die Begegnung mit dem liebsten Menschen vor. Ich schaue ihn an, ich halte schweigend seinen Blick aus. In diesem Blick ist schon alles gesagt. Da ist Liebe. Da strömt etwas zwischen uns. Da ist Einverständnis, Dankbarkeit, Staunen über das Geheimnis der Liebe, das uns miteinander verbindet. Im Einander-Anschauen werden wir eins miteinander. Da ist reine Gegenwart. Und ich weiß, dass unsere Freundschaft durch den Tod nicht zerstört werden kann, dass sie das Sterben überdauert, dass sie bis in die Ewigkeit hinein reicht. In der Begegnung angesichts des Todes geht mir das Geheimnis dieser Freundschaft auf, das Geheimnis der Liebe, die stärker ist als der Tod, für die die Grenze des Todes nicht existiert.

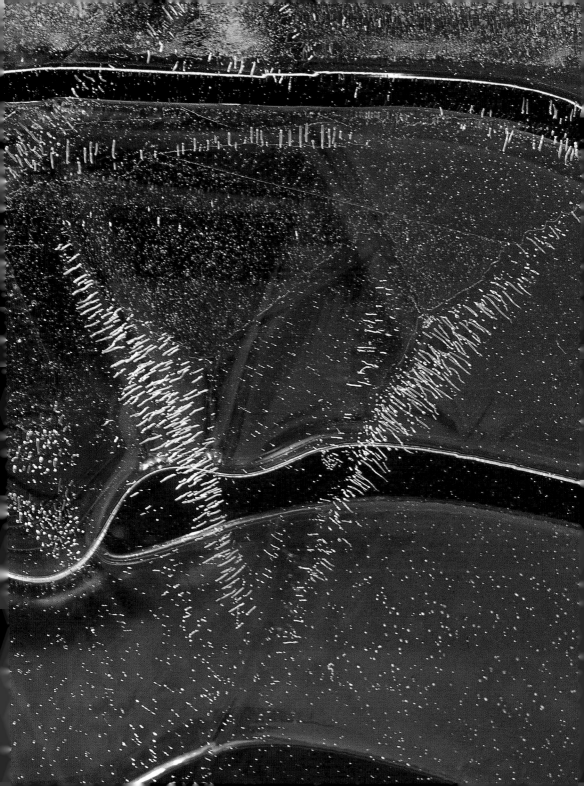

in diesen schweigenden blick hinein möchte ich sagen, was ich mit meinem ganzen Leben vermitteln wollte und was ich gerade diesem geliebten Menschen nochmals zum Abschied mitgeben will. Es fällt mir nicht leicht, diese Worte zu formulieren. Ich spüre, wie sie bald zu förmlich oder zu pathetisch, bald zu leer und nichts sagend klingen. Ich möchte Worte sagen, die den Tod überdauern, die uns miteinander über den Tod hinaus verbinden. Es sollen Worte sein, die unsere Freundschaft durch den Tod hindurch tragen, ähnlich wie die Abschiedsworte Jesu, die den Tod übergreifen, Worte, an die sich der geliebte Mensch erinnern kann, wenn ich gestorben bin, die für ihn gegenwärtig und lebendig bleiben, Ausdruck unserer Liebe, die auch die Grenze des Todes überwindet.

Und es sollen Worte sein, die ausdrücken, was mir in diesem Leben wichtig war, was die tiefste Antriebsfeder für mein Leben war und was ich im Tiefsten meine Seele ersehnte. Wenn ich mir überlege, was ich mit meinem Leben ausdrücken möchte, dann kommen mir Worte in den Sinn wie: Ich wollte für Gottes Liebe durchlässig sein.

Ich wollte allen Menschen zeigen, dass ich sie mag, dass sie mir wichtig sind, dass sie einmalig sind. Ich habe versucht, ein weites Herz zu haben. Vielleicht war es für manche zu weit und zu wenig greifbar. Ich weiß, dass dieses Herz auch oft genug eng war, voller Groll und Bitterkeit. Aber durch die Enttäuschungen und Verbitterungen hindurch habe ich versucht, dieses Herz immer wieder von der Liebe Gottes durchdringen zu lassen. Ich wollte den Menschen vermitteln, dass sie ganz und gar von Gott geliebt sind, dass sie wertvoll und einmalig sind. Und ich wollte ihnen sagen, dass sie der Liebe Gottes trauen sollten, dass Gott sie befreit von aller Sorge um sich selbst, dass Gott seine gute Hand über sie hält und ihnen die Angst nehmen möchte. Es ist nicht so wichtig, wie es dir geht. Lasse dich fallen in die abgrundtiefe Liebe Gottes. Darin bist du geborgen und getragen, befreit von aller Angst um dich selbst und um dein Leben.

wenn ich nur noch einen Tag zu leben hätte, würde ich mir überlegen, was ich noch erledigen möchte. Wo ist etwas noch unklar in meinem Leben? Was könnte bei anderen Missverständnisse auslösen? Welche Konflikte belasten mich noch? Wo möchte ich noch Anstöße geben, dass etwas weitergeführt wird? Ich weiß, dass ich das alles nicht an einem Tag lösen kann. So würde ich mich beschränken auf den Konflikt, der mich am meisten drückt. Ich würde den Menschen anrufen und versuchen zu klären, was unklar zwischen uns ist. Wenn ich ihn nicht erreiche, würde ich ihm schreiben, dass ich unser Missverständnis und unseren Konflikt bedauere. Ich würde mich für meinen Anteil entschuldigen und um Vergebung bitten. Und ich würde dem andern sagen, dass ich alles vergebe und tief in meinem Herzen schon in Frieden mit ihm bin, dass ich ihn verstehe und mit einem Herzen voller Liebe zu ihm den Tod durchschreiten möchte.

Mich haben immer wieder Mitbrüder fasziniert, die vor ihrem Tod uns nochmals um Vergebung gebeten haben. Sie ließen durch den Abt allen sagen, dass sie die Brüder um Vergebung bitten und dass sie alles vergeben haben, was andere ihnen angetan haben. So konnten sie in Frieden sterben.

Von vielen Menschen weiß ich, dass ihre Beziehung zu ihrem Vater oder zu ihrer Mutter oder zu ihrem Sohn oder ihrer Tochter völlig zerrüttet ist. Es ist keine Kommunikation mehr möglich. Alle Versuche, Frieden zu schließen, sind gescheitert. Solche Menschen haben oft eine heillose Angst vor dem Sterben. Sie haben das Gefühl, dass sie nicht sterben können, bevor sie diese Beziehung nicht in Ordnung gebracht haben. Oft habe ich erlebt, wie am Sterbebett Versöhnung möglich geworden ist.

In Seelsorgegesprächen haben mir Menschen davon erzählt, wie ihr Vater auf dem Sterbebett die ganze Familie versammelt hat, um ihnen nochmals zu sagen, wie sehr er sie alle geliebt habe, wie er alle um Vergebung bitte, wo er sie verletzt habe, und was er ihnen für ihren Weg wünsche.

Solche Abschiedsworte bleiben tief haften. Sie sind wie ein geistliches Testament, in dem das Eigentliche eines Menschen zum Ausdruck kommt. Und solche Worte schaffen eine tiefe Verbindung zwischen den Überlebenden. Sie haben die gleichen Worte gehört, Worte dessen, der jetzt bei Gott ist. Sobald sie an diese Worte denken, spüren sie auch die Verbindung zum Himmel, in dem ihr Vater jetzt bei Gott ist.

froh bin ich darüber, dass ich keine ungelösten Konflikte mit anderen mit mir herumschleppe. Aber ich habe keine Garantie, dass ich nicht in eine ausweglose Spannung zu einem Menschen gerate. Dann wäre mir wichtig, an meinem letzten Tag das mir Mögliche zu tun, um versöhnt mit diesem Menschen in den Tod zu gehen. Allerdings spüre ich, dass ich nicht alle Missverständnisse klären und nicht alle Probleme mit anderen Menschen an diesem letzten Tag lösen kann. Ich vertraue darauf, dass Gott die Probleme selbst in die Hand nimmt, dass er durch meinen Tod manches aufklärt, was unklar geblieben ist, und dass er manchen Konflikt in sich selbst zusammenfallen lässt. Ich kann nur in meinem Herzen Frieden schaffen und alle Konflikte in Gottes Hand geben. Dort, wo ich etwas unternehmen kann, werde ich es tun. Aber ich werde mich nicht unter Leistungsdruck stellen, alle Konflikte lösen zu müssen. Denn das Sterben befreit mich auch von dem Druck, mich vor allen rechtfertigen zu müssen. Ich muss nicht allen nochmals sagen, dass ich es gut gemeint habe. Mein Tod wird auch zeigen, was in mir an Härte und Unversöhnlichkeit war. Aber alles Enge und Harte wird im Tod aufgebrochen und verwandelt. So werde ich Gott meine Konflikte hinhalten und den Menschen, an denen mir liegt, meine Bereitschaft zur Versöhnung und Vergebung signalisieren. Aber ich werde mich nicht selbst verleugnen und meine Selbstachtung verlieren, indem ich alle bitte und bettle, damit sie ja meine Vergebung annehmen.

ich möchte in freiheit sterben, auch in der Freiheit von dem Druck, mich allen verständlich zu machen, mich vor allen rechtfertigen zu müssen, allen erklären zu wollen, was ich mit meinem Handeln und Reden gemeint habe. Ich muss nicht von allen verstanden werden. Ich muss nicht ein makelloses Bild hinterlassen. Es ist gut, wenn manches noch kantig und unvollkommen bleibt. Der Tod ist der große Wandler. Er wird alles zur Vollendung bringen, was ich hier an Stückwerk hinterlasse. Er wird zusammenfügen, was in mir brüchig war. Er wird das Gebrochene und Zerbrochene in mir verbinden und daraus das Bild formen, das er sich von Ewigkeit her von mir ausgemalt hat.

So mache ich mich an meinem letzten Tag nicht abhängig vom Urteil der Menschen, sondern ich übergebe mich in meiner Gebrochenheit Gott und überlasse ihm, was er aus meinem Leben macht. Mein Ruf ist mir nicht mehr wichtig. Entscheidend ist mir nur, dass ich in Gottes vergebende Liebe hineinfalle und alles in diese verzeihende Liebe mitnehme, was mich noch belastet. Und ich vertraue darauf, dass mein versöhntes Herz im Tod auch das Unversöhnte in den Menschen um mich herum aufzubrechen und mit Frieden zu erfüllen vermag.

manchmal kommen mir bei der Frage nach meinem letzten Tag Gedanken, was ich noch alles erledigen müsste. Dann spüre ich, wie ich mich doch unter Druck setze, wie mein altes Muster, alles möglichst gut machen zu müssen, wieder durchbricht. Aber manchmal spüre ich bei der Meditation dieser Frage auch eine tiefe innere Freiheit. Ich brauche gar nichts zu tun. Ich muss nicht nochmals formulieren, was mir wichtig in meinem Leben war und was ich als letzte Botschaft den anderen hinterlassen möchte. Der Tod befreit mich von diesem inneren Druck. Ich muss gar nichts mehr erledigen. Ich muss keinen Konflikt mehr aus der Welt räumen. Ich muss dem Nachfolger an meiner Arbeitsstelle keine Weisungen erteilen, was er alles beachten muss. Ich muss nicht die Welt noch retten wollen mit guten Ratschlägen. Ich muss die Menschen nicht noch mit meiner Weisheit beglücken. Ich überlasse mich Gott. Er wird alles recht machen.

In dieser inneren Freiheit darf ich den letzten Tag meines Lebens ganz bewusst erleben. Ich bin ganz bewusst in allem, was ich tue. Ich atme bewusst ein und spüre das Geheimnis meines Atems. In meinem Atem durchdringt mich Gottes Liebe. Und diese Liebe wird mich weiter erfüllen, auch wenn ich meinen letzten Atemzug gemacht habe.

In meinem Atem spüre ich den Atem Gottes, der mir ewiges Leben schenkt, den Odem Gottes, der nicht endet, wenn ich aufhöre zu atmen. Ich rieche nochmals bewusst. Was für Gerüche nehme ich wahr? Ist es der Geruch des Frühlings oder des Sommers, der Geruch frisch aufblühenden Lebens oder abgeernteter Felder, Heugeruch, der mich immer an den Urlaub erinnert? In diesem bewussten Riechen kommen die wichtigsten Erinnerungen nochmals hoch. Wie riecht, wie schmeckt mir mein Leben? Was ist der tiefste Geschmack meines Lebens? Kommt es mir schal vor, oder hat es einen kräftigen, einen fruchtigen Geschmack? Mein ganzes Leben versammelt sich in diesem Riechen und Schmecken, und ich erahne darin das Geheimnis des Lebens schlechthin. Was heißt es, zu leben, zu atmen, zu riechen, zu schmecken? Was ist das Leben überhaupt? Dem würde ich nachspüren. Der Geschmack des Lebens wird auch den Tod überdauern. Der Tod wird nicht den typischen Todesgeruch verbreiten, den manche Menschen ausstrahlen, die nie gelebt haben oder die längst aufgehört haben, lebendig zu sein. Ich weiß, dass mir im Tod der eigentliche Geschmack des Lebens aufgehen wird. So hoffe ich, dass ich durch den Gedanken an den letzten Tag immer wieder von neuem lerne, den Geschmack des Lebens zu erahnen, bewusst jeden Augenblick zu leben und in jedem Augenblick das Zusammenfallen von Zeit und Ewigkeit, von Gott und Mensch, von Himmel und Erde zu ertasten.

was mir bei der meditation über den letzten Tag meines Lebens immer wieder in den Sinn kommt, sind die Worte Gelassenheit, Freiheit und Loslassen. Der Gedanke an den Tod schenkt mir Gelassenheit. Ich kann alles lassen, was war. Ich schaue nochmals dankbar auf mein Leben zurück. Ich lasse es los, lasse es in Gottes Hände hinein fallen. Ich gehe durch meine Lebensräume, durch mein Kloster mit den verschiedenen Arbeitsbereichen, in denen ich tätig war, durch die Verwaltung, durch das Recollectiohaus, durch das Gästehaus und die Sprechzimmer, in denen ich Menschen begleitet habe. Ich verabschiede mich von all diesen Bereichen, indem ich sie Gott übergebe. Ich danke Gott für alles, was da an Gutem geschehen durfte, für die vielen Menschen, denen ich helfen konnte, für die Erfolge bei der Arbeit in der Verwaltung, für das, was gewachsen ist, aber auch für die Misserfolge. Auch die waren wichtig. In dieser Gelassenheit muss ich nichts mehr erledigen, keine Weisung mehr erteilen, keinen Kommentar mehr geben. Ich lasse es sein, wie es ist. Ich werde es nicht mehr mit meinen Eigeninteressen beschmutzen. Der Tod ist für mich der große Lehrmeister, die Dinge in ihrer wahren Gestalt zu belassen, in ihrer Schönheit, Unverfälschtheit, in ihrer Wahrheit.

durch die kirche werde ich gehen und mich dort von all den Erfahrungen verabschieden, die ich in den gemeinsamen Gottesdiensten und im stillen Gebet machen durfte, dass ich da immer wieder Gottes heilende Gegenwart erahnen und seine unendliche Liebe erspüren durfte. Ich danke Gott für alles, was er mir im heiligen Raum der Kirche geschenkt hat. Aber ich halte es nicht mehr fest. Alles, was ich dort erfahren habe, war nur ein Angeld für das Eigentliche, nur ein Aufblitzen des Himmels, der mich jetzt erwartet. Und ich stelle mir vor, wie ich im Himmel die ewige Liturgie feiern werde, wie mir da die Augen aufgehen werden und ich für immer die Herrlichkeit Gottes schauen und seine ewige Liebe kosten werde. Und ich werde vom Himmel aus dabei sein, wenn meine Mitbrüder weiterhin das Lob Gottes singen werden. Ich werde ihnen vom Himmel her die Worte neu erschließen, die hier auf meinem Weg der Pilgerschaft meine tiefste Sehnsucht zum Ausdruck gebracht haben, die Worte, die mir schon hier immer wieder den Himmel geöffnet haben.

ich werde durch meine Klosterzelle gehen und Abschied nehmen von allem, was in ihr geschehen ist, von den stillen Stunden des Gebetes, von den vielen Büchern, die ich gelesen habe, von der Musik, die ich hier gehört habe und die in mir oft die Sehnsucht wachgerufen hat, das für immer zu erlauschen, was in der Musik anklingt. Und ich werde Abschied nehmen von den Büchern, die ich hier geschrieben habe. Vielleicht werde ich dann auch mit dem heiligen Thomas von Aquin sagen, dass alles, was ich geschrieben habe, nur Stroh sei im Vergleich zu dem, was mir im Himmel begegnen wird. Ich werde mir keine Gedanken mehr machen, ob meine Bücher weiter gelesen werden oder nicht. Das werde ich Gott überlassen. Ich werde Gott dafür danken, dass manches Geschriebene Menschen aufgerichtet und ihnen neuen Lebensmut geschenkt hat. Und ich werde darauf vertrauen, dass Gott weiterhin durch meine oder andere Worte in den Menschen Leben hervorzulocken vermag.

meine letzten tage möchte ich in großer Freiheit erleben, ich wünsche mir, dass ich alles nochmals wahrnehmen und alles lassen kann. Der Tod befreit mich von dem Druck, noch irgendetwas klarstellen, noch irgendetwas vollenden, noch irgendetwas erledigen zu müssen. Ich lasse alles los, in dem Bewusstsein: Es war alles gut. Aber ich muss nichts bewahren oder konservieren. Alles gehört Gott. Ich gehöre Gott. Daher ist alles gut, so wie es ist. Ich ringe nicht mehr mit Gott, dass er mir doch noch mehr Tage schenken möge, damit ich das oder jenes noch schreiben oder noch mehr Menschen helfen könnte. Ich bin einverstanden mit den Tagen, die Gott mir geschenkt hat, mit der Frist, die er mir gesetzt hat. Und ich weiß: Er wird alles gut machen.

Zu dieser Freiheit gehört für mich auch die Freiheit von der Angst, ob ich vor Gott genug bin. In meiner Jugend hatte ich beim Gedanken an den Tod immer Angst, ob ich wohl genügend gute Taten vorweisen könnte, damit die Waage zu meinen Gunsten ausschlage. Und ich kenne viele, die immer noch Angst vor der Verdammnis haben. Von dieser Angst hat Gott mich befreit. Ich weiß, dass ich mit leeren Händen vor Gott treten werde, aber dass Gottes unendliche Liebe meine Leere erfüllen wird. Ich muss Gott nicht mehr um Vergebung bitten, damit er mir noch vor dem Tod meine Sünden verzeiht. Ich schaue mein Leben vor Gott an und halte es Gott hin. Und ich weiß: Er wird alles gut machen. Nicht ich muss mich läutern, damit ich für den Himmel würdig werde. Gott selbst wird mich durch seine Liebe verwandeln. Im Tod werde ich in Gottes Liebe hineinfallen. Diese Gewissheit befreit mich von den ängstlichen Überlegungen, ob ich für Gott genügend getan habe. Er selbst wird alles für mich tun. Das genügt mir.

wenn ich mir die gespräche vorstelle, die ich am letzten Tag meines Lebens führen möchte, dann spüre ich zwei Tendenzen: die eine, dass ich sorgfältig die Worte auswähle, dass ich nochmals die wichtigste Botschaft formulieren möchte, die ich mit meiner ganzen Existenz vermitteln wollte. Und die andere, dass ich mir gar keine Gedanken mache, wie ich den Glauben an Gott in einer angemessenen Sprache ausdrücken könnte. Ich würde vielmehr in völliger Freiheit ganz bei den Menschen sein. Ich würde mir keine Gedanken machen, was ich da sagen sollte. Ich möchte nur einfach gegenwärtig sein. Ich vertraue dann darauf, dass mir die Worte einfallen, die gerade jetzt treffen. Bei der Meditation fielen mir Worte ein wie: Lass es gut sein! Jammere nicht! Lebe in Frieden mit dir! Söhne dich aus mit dir und deinem Leben. Es darf so sein. Es ist gut so, wie es ist. Als ich mir einen Mann vorstellte, den ich begleitet habe, der immer wieder um die Verletzungen seiner Lebensgeschichte kreiste, kamen mir folgende Sätze über die Lippen: Hab keine Angst. Es ist nicht so wichtig, wie es dir jetzt geht, ob du gescheitert bist oder nicht.

Das musst du gar nicht entscheiden, ob dein Leben gelungen ist oder nicht. Trau der Liebe Gottes! Sie ist der Grund, aus dem du leben kannst. Sie genügt für dich. Sie heilt deine Wunden. Gottes Liebe meint dich persönlich. Sie fließt durch dich in deinem Atem. Lass sie zu! Dann ist alles gut. Kümmere dich nicht um deine Fehler und Schwächen, um deine Sünden und um deine Schuld! Gottes Liebe verwandelt, was in dir dunkel und befleckt ist. Lass dich in diese Liebe hineinfallen! Und höre auf, dich zu verurteilen! Es ist doch gar nicht wichtig, ob du gut oder schlecht vor dir und vor den Menschen dastehst. Du bist geliebt. Darin liegt der Schlüssel für dein Leben.

angesichts des todes, so merke ich, wird alles relativiert. Da ist es nicht mehr so wichtig, kluge Strategien zu entwerfen, wie wir unser Leben sinnvoll leben, wie wir unsere Probleme bewältigen und uns mit unseren Verletzungen aussöhnen können. Ob diese oder jene Aktion gelingt oder nicht, interessiert mich dann nicht mehr. Ob meine Führungsstrategie in der Verwaltung oder ob meine Geldpolitik richtig war, ist nicht mehr wichtig. Ob ich für das Kloster nun viel verdient habe oder wenig, ob ich meinen Angehörigen viel vererbe oder wenig, spielt angesichts des Todes keine Rolle mehr. Wenn ich an meinen letzten Tag denke, geht mir neu auf, was Paulus den Philippern geschrieben hat: »Nicht meine eigene Gerechtigkeit suche ich… Christus will ich erkennen und die Macht seiner Auferstehung« (Philipper 3,9f). Es geht nicht darum, gut vor den Menschen dazustehen. Ich muss mich nicht selber richtig machen. Ich muss mein Leben nicht abrunden, damit es vor der Geschichte bestehen kann. Das ist alles Unrat (3,8). Darauf kann ich verzichten. Ich muss nicht gerecht sein, nicht richtig, nicht okay, nicht psychisch ausgeglichen und ausgereift. Ich muss nicht auf ein geglücktes Leben zurückblicken. Ich brauche mir den Kopf nicht zu zergrübeln, ob ich alles richtig gemacht habe in meinem Leben. Es geht nur darum, alles zu lassen, um Christus zu gewinnen und in ihm zu sein (3,8f). Darin besteht die große Freiheit, in die mich der Gedanke an den Tod einüben möchte.

angesichts des todes relativiert sich nicht nur mein eigenes Leben. Es erscheint auch alles in einem anderen Licht, was mir die anderen erzählen. Vieles kommt mir dann unwichtig vor, worum sich Menschen Gedanken machen. Manches, was so ungeheuer qualvoll zu sein scheint, was einen nach unten zieht und beugt, das zerfließt zu nichts, wenn es mit dem Tod konfrontiert wird.

Manchmal möchte ich das Gespür für das Eigentliche, das mir in der Meditation meines letzten Tages ab und zu geschenkt wird, hinüber retten in den Alltag. Dann würde ich die Gespräche mit Hilfesuchenden anders führen. Dann würde ich die Maßstäbe zurechtrücken können, mit denen die Ratsuchenden ihr Leben bemessen. Da würde sich manches Problem auflösen. Über manches könnten wir getrost lachen. Ich spüre, dass da eine andere Qualität in die Begleitung käme. Meine eigene Blindheit würde sich aufhellen, und ich würde das sehen, worauf es eigentlich ankommt. Und vielleicht könnte ich es so in Worte fassen, dass auch dem andern die Augen aufgehen, dass er *sub specie aeternitatis* – unter dem Blickwinkel der Ewigkeit – alles in einem anderen Lichte sieht.

ich wünsche mir, dass ich lange leben kann. Ich stelle mir vor, was ich alles tun könnte, wenn ich mit achtzig Jahren noch geistig wach wäre, wie ich da noch vielen helfen könnte. Doch wenn ich über meinen letzten Tag nachdenke, relativiert sich auch meine Lebenszeit. Ist das Leben nur wertvoll, wenn es sehr lange dauert? Bleiben nicht gerade solche Menschen lange im Gedächtnis, die früh gestorben sind, die etwa im Dritten Reich für ihren Glauben in den Tod gegangen sind, die sich im Kampf für andere aufgezehrt haben? Es ist relativ, wie lange mein Leben dauert. Was ist die eigentliche Essenz meines Lebens? Sie ist nicht das, was ich geleistet habe, nicht die Menge meiner Bücher, nicht die Zahl der Gespräche, die ich geführt habe. Es kommt vielmehr darauf an, dass ich überhaupt gelebt habe, dass die Menschen um mich meine Lebendigkeit, meine Ausstrahlung, mein Herz wahrnehmen.

obwohl ich gerne lebe, kenne ich auch eine Todessehnsucht in mir. Wenn mir alles zu viel wird, dann denke ich: Im Tod
werde ich das alles lassen. Da kann ich endlich ausruhen von all den
vielen Wünschen, die von allen Seiten auf mich einströmen und mich
zerreißen. Aber ich spüre, dass der Gedanke an den letzten Tag nicht
aus einer solchen Todessehnsucht heraus kommen darf. Sonst würde
ich nur vor den Problemen fliehen, die mir das Leben stellt. Ich möchte wirklich leben, ich möchte mich bis zum letzten Blutstropfen ein-
lassen auf das Leben. Ich möchte mich hingeben an das Leben, mich
hingeben für die Menschen. Es würde mich freuen, wenn denen, die
an mich denken, die Worte Jesu einfallen: »Es gibt keine größere
Liebe, als wenn einer sein Leben für seine Freunde hingibt« (Johannes
15, 13). Das soll der Geschmack sein, den mein Leben und Sterben
verbreitet, das soll die Spur sein, die ich hinterlasse.

wenn ich mir meinen letzten Tag vorstelle, dann geht mir immer dieses Bild durch den Kopf: Ich präge mit meinem Leben dieser Welt eine Spur ein, die unvergänglich ist. Und ich möchte diese Spur bewusst in diese Welt eingraben. Sie soll sichtbar sein, erfahrbar, greifbar, spürbar, sodass andere in dieser Spur weitergehen und ihren eigenen Weg finden können. Meine ureigenste Spur wird nicht in großen Werken bestehen, sondern in der persönlichen Ausstrahlung, die von mir ausgeht. Und ich hoffe, dass es eine gute Ausstrahlung ist, eine, die Menschen einlädt, sich darin auszuruhen und zu wärmen. Der niederländische Maler Vincent van Gogh schreibt in einem seiner Briefe, dass in unserer Seele ein großes Feuer brennt. Aber es kommt niemand, um sich daran zu wärmen. Trotzdem sollen wir in Geduld das innere Feuer hüten. Irgendwann wird die Stunde kommen, in der sich jemand am Herd unseres inneren Feuers wärmen wird. Henry Nouwen, der diesen Brief zitiert, meint, Vincent van Gogh sei ein eindrucksvolles Beispiel von Treue zum inneren Feuer. Während seines ganzen Lebens kam niemand, um sich an seinem Herzen niederzulassen, aber heute sind es Tausende, die in seinen Zeichnungen, Gemälden und Briefen Kraft und Trost finden. (H. Nouwen, Feuer, das von innen brennt, 54)

Das Beispiel des niederländischen Malers, dessen Ausstrahlung erst nach seinem Tod begann, ist für mich ein wichtiges Bild geworden für meine eigene Ausstrahlung. Es kommt nicht darauf an, ob die Menschen mich verstehen oder nicht, ob sie mich lieben oder nicht. Ich sehne mich danach, dass alles, was ich bin, jetzt und nach meinem Tod, eine Liebe ausstrahlt, die wie ein Feuer ist, an dem sich die Menschen wärmen können. Und ich möchte, dass die Menschen die Botschaft meines Lebens erkennen, die ich ihnen vermitteln möchte: Es ist gut, dass du da bist. Ich mag dich. Diese Welt ist nicht nur dunkel und kalt. In ihr gibt es die Liebe Gottes, die alles erhellt und erwärmt. Es lohnt sich, auf diese Liebe zu bauen. Sie ist die eigentliche Wirklichkeit, die dich trägt.

für meinen letzten tag stelle ich mir kein festes Programm vor, das ich erfüllen müsste. Ich würde nichts Besonderes, sondern nur alles bewusst und achtsam tun und jeden Augenblick ganz auskosten, jeden Lebensvollzug bewusst wahrnehmen und gestalten. Ich würde bewusst den Tag beginnen. Was heißt das, einen Tag beginnen, den letzten Tag? Was ist der Tag? Es wird Licht. Und im Licht leuchtet mir die Auferstehung Christi entgegen. Ich würde bewusst aufstehen. Was heißt das: Aufstehen? Aufstehen vom Tod zum Leben, von der Nacht in den Tag, von der Finsternis in das Licht? Alles, was ich tue, wäre mir wie neu. Ich würde in das Geheimnis aller Lebensvollzüge hineinhorchen, etwa in das Geheimnis des Aufstehens, des Waschens, des Anziehens. Ich wasche meine Müdigkeit weg, das, was mich beschmutzt, was das Bild verdeckt, das Gott sich von mir gemacht hat. Ich berühre meinen Leib im Waschen. Ich bin mein Leib. Dieser Leib wird sterben, aber er wird auch auferstehen. Er wird im Tod verwandelt werden. Ich berühre den Leib mit Ehrfurcht und Staunen, so als ob ich ihn das erste Mal berühren und streicheln würde. In diesem Leib bin ich ganz, da ist mein ganzes Leben gespeichert. In meinem Leib leuchtet Gottes Herrlichkeit auf. Ich ziehe mein Mönchsgewand an. Es ist das Zeichen dafür, dass ich in der Taufe Christus als Gewand angezogen habe, dass ich mit Christus zusammengewachsen bin. Christus ist das eigentliche Gewand, das mich schmückt. Ich lebe zusammen mit ihm, jetzt an diesem Tag, aber auch dann, wenn das irdische Gewand zerfällt.

zum beten gehe ich bewusster. In jedem Schritt erspüre ich, dass ich die Erde berühre und sie zugleich wieder verlasse – ein Bild für mein Leben, das sich ganz auf der Erde abspielt und sich doch von der Erde trennt. Ich wandere der ewigen Heimat zu. »Wohin denn gehen wir – immer nach Hause.« So formuliert Novalis diese Erfahrung des Gehens. So würde ich alle meine Lebensvollzüge bewusst erleben, als ob ich sie zum ersten Mal vollzöge. Ich bete die Psalmen. Ich weiß, dass ich die gleichen Worte auch im Himmel beten werde. Ich singe im Gottesdienst. Im Singen übersteige ich schon diese Welt. Da reiche ich hinein in den ewigen Lobgesang der Engel. Ich feiere Eucharistie. Ich esse das Brot, das vom Himmel herabkommt, den Leib Christi, den ich in der Ewigkeit in seiner Herrlichkeit schauen werde. So wird in jedem Augenblick die Erde offen für den Himmel, das Irdische vom Göttlichen durchtränkt. In jedem Augenblick sind Zeit und Ewigkeit verbunden, Himmel und Erde, Gott und Mensch. Ich begegne Menschen. Was heißt das, einem Menschen wirklich von Angesicht zu Angesicht zu begegnen? Was sehe ich, wenn ich einem in die Augen schaue? Erahne ich etwas von seinem Geheimnis, das bis in Gott hinein reicht? Was geschieht, wenn ich mit einem Menschen spreche? Spreche ich an ihm vorbei, oder entsteht im Gespräch ein Miteinander, ein Sich-Verstehen, ein Erahnen des gemeinsamen Grundes, der uns trägt, ein Ertasten Gottes als des letzten Grundes, aus dem wir leben? Rede ich so zum andern, dass sich der Himmel über ihm öffnet, oder nehme ich ihm mit meinen Worten alle Hoffnung, sodass sich alles in ihm zusammenzieht?

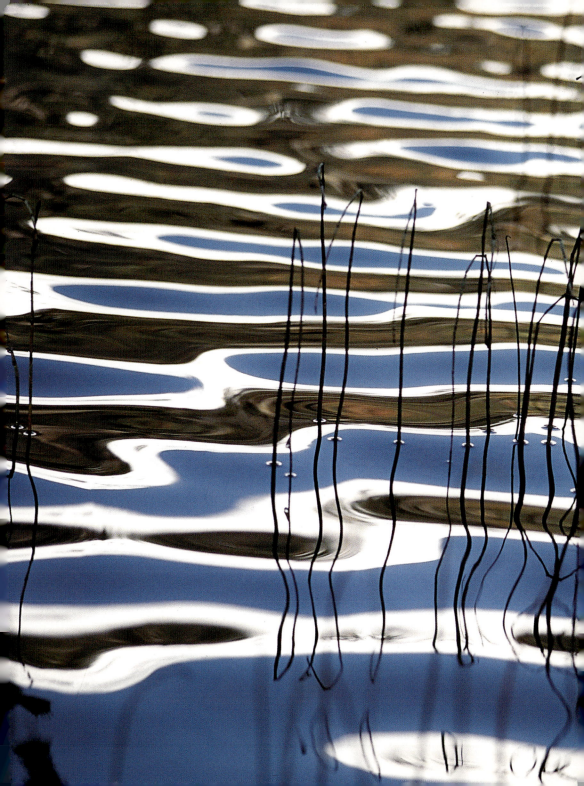

was geschieht, wenn ich arbeite? Ich gestalte diese Welt, ich präge ihr etwas ein, ich bin schöpferisch. Ich arbeite mit an der ewigen Schöpfung Gottes. Aber mein schöpferisches Tun bleibt Stückwerk. Es wird verwandelt durch den Tod, in dem Gott alles neu macht. In der Neuschöpfung des Todes wird mein Schaffen relativiert. Nicht mehr, was ich geschaffen habe, zählt, sondern was Gott daraus macht und wie Gott das vollendet, was ich begonnen habe.

Ich esse. Ich schmecke die Süße der Frucht, die Würze des Salates. Ich schmecke das Leben. Wenn ich es bewusst tue, kann ich vielleicht erspüren, dass Essen ein heiliges Tun ist, dass ich in jedem Essen Gott selbst in mich aufnehme, der in den Gaben dieser Erde anwesend ist, der alle Dinge dieser Schöpfung mit seinem Geist durchdringt. Im Essen kann ich die Liebe Gottes in mich aufnehmen, die mir in jeder Nahrung begegnet. Das Gleiche gilt vom Trinken. Seit jeher haben die Menschen den Wein gepriesen, dass er unser Herz erfreut, dass er uns über uns hinaushebt in die Ekstase der Liebe, dass er unser Herz öffnet für den Gott, der unsere tiefste Sehnsucht erfüllt.

beim spazierengehen nehme ich den Duft der Blumen wahr, die Schönheit der Wiesen und Wälder. Ich höre die Vögel zwitschern. Ich setze mich an einen Bach und beobachte das Wasser, wie es immer weiter fließt, wie es aus einer unerschöpflichen Quelle zu strömen scheint. Überall nehme ich Gottes Spuren in dieser Welt wahr. Was werde ich davon im Himmel erfahren? Manche nehmen traurig Abschied, wenn sie wissen, dass dies der letzte Frühling sein wird, den sie auf dieser Erde erleben werden. Aber stimmt das? Oder nehme ich hier nur wahr, was mir in der Ewigkeit erst in seiner ganzen Schönheit aufgehen wird? Ist die Schönheit einer aufblühenden Blume nicht nur Abbild der Herrlichkeit, die ich in Gott schauen werde? Ich brauche also nicht Abschied zu nehmen von diesem Frühlingstag, von der Fülle des Sommers, vom goldenen Herbst, von der Wintersonne, die die weiße Schneelandschaft bestrahlt. Ich nehme alles, was ich wahrnehme, bewusst in mich auf, als Angeld für das, was mir im Tod aufscheinen wird. Ich nehme nicht Abschied, ich schneide mich nicht ab, sondern ich schaue durch alles, was ich wahrnehme, hindurch auf den eigentlichen Grund und auf die Verheißung, die in allem steckt.

wenn ich mich schlafen lege, weiß ich nicht, ob ich wieder aufwache oder ob ich für immer einschlafe, beziehungsweise in der jenseitigen Welt erwache. Nicht umsonst ist der Schlaf der Bruder des Todes genannt worden. Im Schlaf falle ich in Gottes liebende Hände hinein, um darin auszuruhen und neue Kraft für den kommenden Tag aufzunehmen. Darin liegt ein Abbild für den Tod. Auch im Tod werde ich in Gottes zärtliche Arme hineinfallen, die mich für immer aufnehmen, in denen ich für immer ausruhen und die Ruhe wahrer Liebe genießen darf. So ist jedes bewusste Einschlafen ein Einüben des ewigen Schlafes, der zugleich ewiges Wachen ist. Ich schlafe, aber mein Herz wacht bei dir, heißt es im Psalm.

So kann ich jeden Lebensvollzug bewusst wahrnehmen und in ihn hineinspüren, um den Grund darin zu erahnen und den Verweis auf die Ewigkeit zu entdecken. Dadurch wird das Leben intensiver. Das Denken an den Tod ermöglicht eine neue Qualität von Leben, wahres Leben, ewiges Leben, wie Johannes es in seinem Evangelium nennt, ein Leben, in dem jetzt schon ein Hauch von Ewigkeit weht, ein Leben, das Zeit und Ewigkeit hier schon miteinander verbindet. Wenn ich ganz im Augenblick bin, dann ist alles in diesem Augenblick versammelt: Gott und Mensch, Zeit und Ewigkeit, dann ist alles eins. Dieses Einssein will ich im Geheimnis des Augenblicks erspüren, in der Hoffnung, dass ich im Tod völlig eins werde mit Gott, mit allem, was ist, und mit mir selbst, so wie ich von Gott her ursprünglich gedacht war.

am ende von exerzitien schreibe ich mir als Zusammenfassung dessen, was ich in der Stille erfahren habe, manchmal einen Brief. Er soll mich daran erinnern, aus der Erfahrung heraus zu leben, die ich in den Exerzitien gemacht habe. Denn oft genug falle ich nach intensiven geistlichen Erlebnissen schnell wieder in den Alltagstrott zurück. Und alles, was mir in den Exerzitien aufgegangen ist, fällt in sich zusammen. Wenn ich den Exerzitienbrief dann im Alltag wieder lese, so komme ich wieder in Berührung mit der Qualität des Lebens, die ich während der stillen Gebetszeit in mir wahrgenommen habe. So möchte ich mir am Ende der Meditationen über meinen letzten Tag einen Brief schreiben, der mich auch mitten in meinem Alltag daran erinnert, was das Geheimnis meines Lebens ist und wie ich ihm entsprechen kann:

Du hast dein Leben im Angesicht des Todes angeschaut und durchgespielt. Du hast erkannt, worauf es in deinem Leben ankommt. Gib keinem Menschen Macht über dich, gib der Arbeit, dem Geld, den Umständen keine Macht über dich! Du bist in Gottes Hand und gehörst Gott. Wenn du das nicht nur mit dem Kopf, sondern auch mit deinem Herzen glaubst, dann bist du wirklich frei. Dann richtest du dich nicht nach der Meinung der anderen, dann bist du frei, das zu leben, was in dir ist und deinem wahren Wesen entspricht. Dann bist du auch frei von der Angst, die dich ärgert, weil du sie gerne loshaben möchtest. Du bist mit deiner Angst in Gottes Hand. Daher darf sie sein, ohne dass sie Macht über dich hat. Sie ist von Gott gehalten und berührt. Mach dich von nichts Äußerem abhängig, sondern lebe in der Freiheit, die allein Gott dir zu schenken vermag! Du lässt dich oft von außen bestimmen. Du wirst oft gelebt, anstatt selbst zu leben. Versuche, jeden Augenblick bewusst zu leben! Dann wirst du das Geheimnis des Lebens entdecken, dann wirst du in deinem Leben das Leben Gottes erahnen, das sich in dir ausdrücken möchte.

es kommt nicht darauf an, dass du dich verausgabst und möglichst viel arbeitest und leistest. Es kommt vielmehr darauf an, dass du durchlässig bist für Gott, für seine Liebe und Milde, für seine Barmherzigkeit und für seine Weite. Lass die Gedanken, die dich manchmal quälen, ob du alles, was von dir erwartet wird, auch schaffst, ob du den Anforderungen des Lebens gewachsen bist! Das ist nicht so wichtig. Halte dir immer vor Augen, dass es deine wichtigste Aufgabe ist, in allem, was du bist, tust, redest, schreibst, etwas durchscheinen zu lassen von der anderen Welt, in der du wahrhaft daheim bist, von Gott, nach dem sich dein Herz sehnt, vom Himmel, ohne den die Erde ort- und heimatlos wird. Statt dich von Terminen bestimmen zu lassen, stelle dir immer wieder vor, dass du jetzt im Augenblick eine Spur eingräbst in diese Welt. Es ist nicht gleichgültig, was du gerade denkst und fühlst. Wenn du in Liebe an die Menschen denkst, wenn du dich im Gebet Gott öffnest, dann strömt etwas vom Licht Gottes in diese Welt, dann wird die Welt um dich herum wärmer und heller. Aber das soll dich nicht unter Leistungsdruck setzen, als ob du immer voller Liebe sein müsstest. Es soll dich nur daran erinnern, dass dieser Welt durch dich dein Stempel aufgedrückt wird. Und sicher möchtest du, dass du einen Stempelaufdruck hinterlässt, den die Menschen gerne betrachten. Dein Leben ist einmalig und daher auch wichtig für diese Welt.

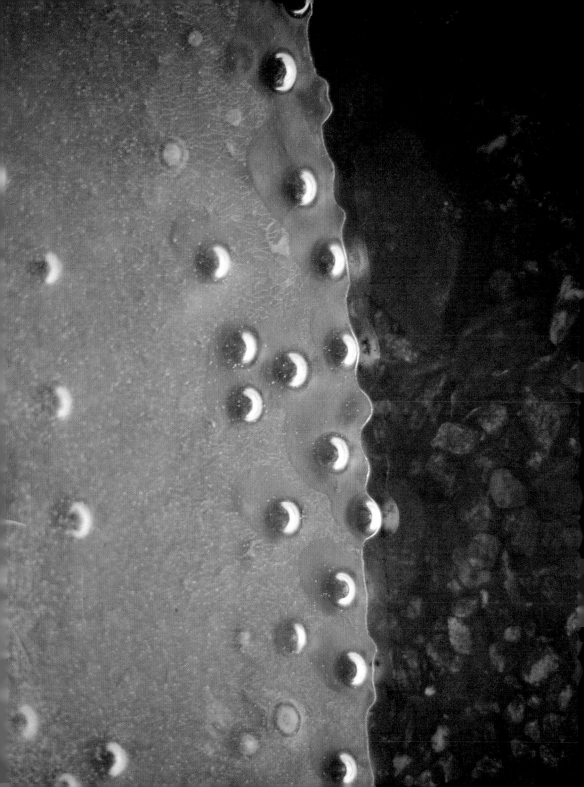

aber erinnere dich auch immer wieder daran, dass es nicht so wichtig ist, wie lange du lebst, sondern nur, dass du intensiv und authentisch lebst. Lass deine Sorgen um dich los! Lass dich auf den Augenblick ein! Jetzt geschieht das Entscheidende. Jetzt ist Gott in dir. Jetzt will Gott durch dich in dieser Welt Gestalt annehmen. Du wirst immer wieder aus deiner Mitte herausfallen. Du wirst dich immer wieder von außen bestimmen lassen. Aber lass keinen Tag vorübergehen, an dem du nicht wenigstens einen kurzen Augenblick ganz du selbst bist, ganz eins mit dir und mit Gott, ganz durchlässig für Gott, der durch dich wirken und in dieser Welt sichtbar werden will mit seiner unendlichen Liebe, die für alle Menschen reicht. Du brauchst dich nicht anzustrengen, jeden Menschen zu lieben. Das wird dir nie gelingen. Aber werde dir jeden Tag einen Moment lang bewusst, dass Gottes Liebe dich durchdringt, dass sie mit jedem Einatmen in dich einströmt, damit sie in deinem Ausatmen hineinströmen kann in diese Welt. Wenn du daran glaubst, dann erkennst du das wahre Geheimnis deines Lebens. Dann bist du frei von allem Leistungsdruck. Dann fühlst du dich wertvoll. Dann spürst du, was Leben heißt. Dann wird durch dich diese Welt ein wenig heller und wärmer, menschlicher und bewohnbar.

Bibliografische Information der Deutschen Bibliothek
Die Deutsche Bibliothek verzeichnet diese Publikation in der
Deutschen Nationalbibliografie; detaillierte bibliografische Daten
sind im Internet über http://dnb.ddb.de abrufbar

Kreuz Verlag GmbH & Co.KG Stuttgart
Verlagsgruppe Dornier
Postfach 80 06 69, 70506 Stuttgart

www.kreuzverlag.de
www.verlagsgruppe-dornier.de

© 2004 Kreuz Verlag GmbH & Co. KG Stuttgart
Der Kreuz Verlag ist ein Unternehmen der Verlagsgruppe Dornier
Alle Rechte vorbehalten
Fotos und Umschlagbild: Walter Tockner
Umschlaggestaltung: Bergmoser & Höller Agentur, Aachen
Satz & Layout: Dagmar Herrmann, Grafik und Buchherstellung, Köln
Druck: Norhaven Book, Viborg

ISBN 3-7831-2462-X